Monika Hubl-Moussa

Nur für Euch

Monika Hubl-Moussa

Nur für Euch

Meine Kinder

Familienbande

Impressum / Imprint
Bibliografische Information der Deutschen Nationalbibliothek: Die Deutsche Nationalbibliothek verzeichnet diese Publikation in der Deutschen Nationalbibliografie; detaillierte bibliografische Daten sind im Internet über http://dnb.d-nb.de abrufbar.

Bibliographic information published by the Deutsche Nationalbibliothek: The Deutsche Nationalbibliothek lists this publication in the Deutsche Nationalbibliografie; detailed bibliographic data are available in the Internet at http://dnb.d-nb.de.

Coverbild / Cover image: www.ingimage.com

Verlag / Publisher:
Familienbande
ist ein Imprint der / is a trademark of
OmniScriptum GmbH & Co. KG
Heinrich-Böcking-Str. 6-8, 66121 Saarbrücken, Deutschland / Germany
Email: info@verlag-familienbande.de

Herstellung: siehe letzte Seite /
Printed at: see last page
ISBN: 978-3-639-62014-6

Nur für Euch - Meine Kinder

„Meine schönsten Erinnerungen,

von eurer Geburt bis zur Grundschulzeit“

Vorwort

Dieses Buch gefüllt mit...

... Gefühlen und Gedanken, die tiefgründig sind und sonst gut versteckt in meinem Herzen.
Die schönen Erinnerungen und die besonderen Begebenheiten,
all das was ein Familienleben ausmacht.

Über meine Kinder und für meine Kinder:
Marcel, Mona Lisa und Sami Manuel
2014

Was gibt es schöneres,
als mit seinen Kindern
jeden Tag etwas neues zu erleben,
zu erfahren.
So spürt man,
dass das Leben und
die Zeit nicht stehen bleibt.

Für mich gab es nie etwas wichtigeres als „Euch meine Kinder“, ich habe ab einen gewissen Zeitpunkt, mein Leben nur euch gewidmet, meine Entscheidungen und Vorhaben, hingen mit euch zusammen.

Doch nun:

„Meine Kinder sind erwachsen geworden...

Zum heutigen Zeitpunkt hat ein neuer Lebensabschnitt für sie und für mich begonnen.“

Ich bin sehr froh, über das was wir zusammen Erleben, Unternehmen, Lernen und Erfahren konnten.

Diese Erinnerungen und diese vielen Momente, ob sie schön oder gravierend, glücklich oder traurig waren, sie haben uns geprägt und sie werden uns immer verbinden.

Auch wenn es nicht immer einfach ist, seinen Kindern den Weg des Lebens zu zeigen, und sie selbstbewusst und selbstständig werden zu lassen, ist es das Wichtigste sie Ihren eigenen Mut finden - und Ihren eigenen Weg gehen zu lassen.

Es ist sehr schwer, für eine Mutter Ihre Kinder wirklich loszulassen, aber es ist wichtig. Sie wissen, es wird immer eine helfende Hand für sie da sein, wenn Sie Unterstützung brauchen.

Ein Teil meines Herzen gehört für immer Euch und wird immer an Euch hängen.

Und ich bin sehr glücklich darüber, Eure Zukunft verfolgen zu können ...

Dieses Buch, eine immer bleibende Erinnerung an die schönen Momente unserer kleinen Familie.
Ein anderer Teil meines Herzens sucht die grenzenlose Freiheit, neue Erfahrungen, neue Herausforderungen, die es bewältigen möchte.

Ein neues Stück, meiner und Eurer Zukunft beginnt, für uns.

Und ich bin sehr gespannt, neugierig und voller Tatendrang, meiner neuen Zukunft entgegenzugehen, denn ich habe noch so viel vor ...
So wie ihr, habe auch ich mir noch viele neue Ziele gesetzt.

Familie ...

... die sich irgendwann wieder vergrößern wird, durch „Euch".

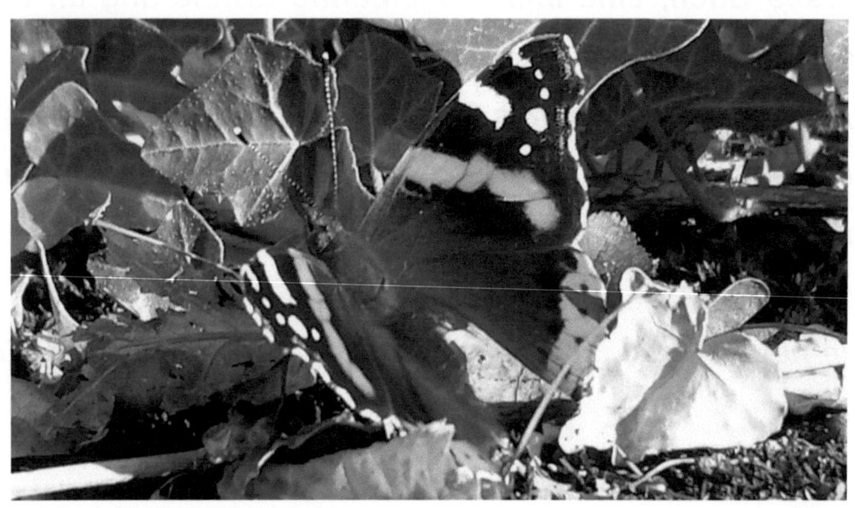

Inhaltsverzeichnis

Seite

- **Vorwort**
- ***Gedicht:***
  - **„Mutter und Kind“** **10-11**
  - **Meine erste Schwangerschaft :**

    - „M“ **12- 15**
- ***Gedichte:***
  - **„Mein kleiner Sohn“,** **16**
  - **„Für Dich“** **17**
  - **„Für meinen kleinen Helden“** **18-19**
- **Meine zweite Schwangerschaft:**
  - **„M.L.“** **20**
- ***Gedichte:***
  - **„ Mein kleines Kind“,** **21**
  - **„Fotos“** **22-23**
- **Unser neuer Zuwachs** **24-25**
- ***Gedicht:***
  - **„Meine kleine Maus“** **26-27**
- **Krank sein …** **28-29**
- **Ein Stein fällt mir vom Herzen** **30-31**

- ***Gedichte:***
  - **„Danke“ 32**
  - **„Danke, lieber Schutzengel“ 33**
- **Im Krankenhaus 34-37**
- **Kindergartenzeit 38-39**
- ***Gedicht:***
  - **„Für meine kleine Maus“ 40**
- **Pokemon und Sailor Moon 41-42**
- **Musik Dein ständiger Begleiter 43-44**
- ***Gedanken* 45**
- ***Gedicht:***
  - **„Kleine Hände“ 46**
- **Meine dritte Schwangerschaft:**

  -„S. M.“ 47-48
- ***Gedicht:***
  - **„Mein kleiner Schlingel“ 49-50**
- **Unser dritter Zuwachs 51**
- ***Gedicht:***
  - **„Mein kleiner Räuber“ 52**
- **Mein schönstes Geschenk zu Weihnachten 53-54**
- **Mann kann es kaum Glauben 55-56**
- **Umarmungen 57**

- **Dein erster Auftritt, am Sommerfest** 58-61
- **Fernseh Zeit** 62
- **Deine Grundschulzeit „M.“** 63-64
- **Mein Taekwondo Held** 65-66
- **Der Turnierglücksbringer** 67-68
- **Deine Grundschulzeit „M. L.“** 69-70
- **Ballettaufführung** 72-74
- **Vom Tutu in den Dobok** 75-76
- **Wie könnte es anders sein – Unser 2. Taekwondo Held** 77-78
- **Der Regenbogenfisch** 79-80
- **Die kleine Schriftstellerin „M.L.“:** 81
  - **- „Die Feenleiter“** 82
  - **-“Ein besonderer Engel“** 83-84
- **Grundschulzeit „S.M.“** 85-86
- **Taekwondo – Flummi** 87-88
- **Gedicht:**
  - **„Unendlich“** 89
- **Es begann die Zeit** 90

- **Geschichten die ich für euch schrieb** **91**

-„Der Fall X – Gummibärchen **92-97**

-„Das Geheimnis der Zaubernote“ **98-100**

-„ Der Ritter ohne Furcht und Tadel“ **101-105**

-„Mounas Wunsch“ **106-109**

- „Habibs Traum“ **110-113**

-„Manuels Friedenspuzzle“ **114-115**

- **Gedanken für euch: Gedichte**

- „So vieles“ **116**

-“Mein Kind“ **117-118**

- **Novelle:**

- „Die Glut meiner Seele“ **119-122**

- **Nachgedanken : Gedichte** **123**

-„Eltern und Kinder“ **124-126**

- „Kinder“ **127-128**

- „ 3 weitere Gedichte – Thema Kinder“

– „Der Traum eines Kindes“ **129**

- „Welt der Wunder“ **130-131**

- **Novelle:**

-„ Das Meer der Liebe“ **132-135**

. Gedanken **136-137**

- **Nachwort** **138-141**
- **Nachwort – Alles ist vorerst gesagt** **142-147**

Mutter und Kind

Es gibt wohl keine Verbindung,

die enger und verbundener sein könnte ...

... als die von Mutter und Kind .

Keine Liebe könnte tiefer und reiner sein,

als die von einer Mutter zu ihrem Kind ...

... und die Liebe von einem Kind,

zu seiner Mutter.

Diese tiefe Verbundenheit,

die sich schon im Bauch der Mutter entwickelt,

und nach der Geburt ausreift,

wächst von Jahr zu Jahr.

Es gibt wohl auch nichts wichtigeres auf dieser Welt, als diese Verbundenheit, und das Vertrauen,

das durch diese Verbundenheit entsteht.

Mutter und Kind,

ist der Anfang und das Ende der Weltgeschichte,

unaufhörlich verbunden zum Kreis des Lebens.

Von Zeitbeginn an unaufhörlich

immer fort bestehend im Kreis des Lebens.

2007

Meine erste Schwangerschaft

„M."

Meine erste Schwangerschaft ...
... alles war neu und unbekannt für mich, ich dachte über so vieles nach, die Zukunft, was wichtig ist, versuchte mich auf mein neues Leben vorzubereiten.

Fragte mich, wie ist es wohl, eine Mutter zu sein?
Ich war mir bewusst darüber neue Aufgaben zu übernehmen, eine neue Verantwortung kam auf mich zu.

Damals bekam ich ein Buch, in dem die einzelnen Schwangerschafts-Stationen aufgeführt waren, was ich sehr interessant empfand. Man konnte zu jeder einzelnen Station eigene Gedanken und Gefühle festhalten.

Meine damaligen Gedanken …

… durch den Ultraschall,
konnten wir einen ganz kleinen Punkt erkennen.
Das war ein sehr schönes Gefühl.
Wir waren sehr glücklich.

1993

Mir wurde bewusst,
was für ein kleines Wunder es ist,
ein Kind zu bekommen.
Es war für mich
die wichtigste Entscheidung
meines Lebens.

In dieser Zeit las ich viel, nicht nur Informationen über den schönsten Zustand der Welt, der auch immer wieder neue Fragen für mich aufwarf.

Auf diese Fragen, wollte ich so viele Antworten wie möglich sammeln. Ebenfalls befasste ich mich einfach mit vielen schönen Büchern, die mir beim Stöbern in der Buchhandlung in die Hände vielen.

Meine Gedanken, kreisten eigentlich immer um meine Schwangerschaft, und um mein kleines Baby in meinem Bauch.

„Es fühlte sich an wie ein Schmetterling, der sich in meinem Bauch versteckte.“
Ja, genauso fühlte es sich für mich an.
Und ich muss sagen, dass ich dieses Gefühl wirklich genoss.

Als meine Gefühle dann eher an einen kleinen Fußballspieler, als an einen Schmetterling erinnerten, kam bald mein erster großer Schatz zur Welt.

Ein kleines Wunder !

Ein ganz natürlicher Vorgang !

Ein Kind !

Ein kleines Wunder hielt ich in meinen Armen,
mein kleines Wunder!
Mit weichen, dunklen Flaum Haaren, und schönen, kleinen braun – grauen, mandelförmigen Augen .

Klein und zierlich hielt ich dich behutsam in einem Handtuch eingewickelt.
Ein Glück, das man kaum beschreiben kann.

Die vielen Wege, die ich hin und her durch die Gänge gehen musste, die Schmerzen der ganztägigen Wehen und der Geburt, waren auf einmal vergessen.
Ein kleines Foto erinnert mich heute noch an diesen ganz besonderen Moment, als ich dich in den Armen hielt.

Mein kleiner Sohn ...

„M.“

„Ein kleiner Schmetterling
breitete leicht seine Flügel
für seine neue Zukunft aus.
Bereit dafür
eine neue Welt
kennen zu lernen
und zu erkunden.“
„... Ich schließe meine Augen,
denke daran und fühle mich
Dir wieder genauso Nah`.“

Für Dich

Du sportlicher großer Wirbelwind,
so aktiv und erfolgreich,
ist wohl selten ein Kind.

... habe immer alles getan für Dich,
auch wenn es nicht immer einfach war,
würde alles, auch heute immer wieder tun.

Bin oft so stolz.

Mein lieber kleiner, großer Schatz.
Mein heute großer Sohn.

Die Zeit verging …

… du warst aktiv und schnell, groß und fit geworden.

Kaum ein Jahr alt und ich musste dir im Eiltempo hinter her laufen.

Du freutest dich über alles...

Für meinen kleinen Helden

Ein Wirbelwind, geht durch den Raum.
Er fegt durch jedes Zimmer.
Nur selten ruht er sich mal aus.
Er ist mal Cowboy oder Ritter.
Tag ein Tag aus,
fegt er durch alle Zimmer.

2000

Wie es sich in meinem Bauch schon angekündigt hatte, konntest du schon wie ein „Fast Großer“ gut Fußball spielen und fegtest als kleiner Wirbelwind durch die Wohnung.

Als du hörtest, dass du ein Geschwisterchen bekommen wirst, freutest du dich, wie nie zuvor.
Und ich freute mich auf mein zweites Kind.

So viele Erinnerungen,
so viele Bilder in meinen Gedanken,
wie kann ich diese alle mitteilen.
Wie kann ich mitteilen, was das Herz fühlt.

… es ist Glück ein fröhliches, aktives Kind bei sich zu haben.

„… Wie viel Glück,
kann eine Mutter haben.“

Meine zweite Schwangerschaft

„M.L.“

Trotz guter Schwangerschaften, wurde jede Geburt anstrengender, auch wenn die zweite Geburt schneller voran ging, als die Erste. Die Wehen waren viel stärker und schmerzhafter, alles ging sehr flott als mein zweiter Schatz, endlich in meinen Armen lag.

Du mein zweites, kleines Wunder, das ich behutsam in meinen Armen hielt.
Glück, einfach ein unbeschreiblicher Moment.

Du - bestimmt das erste Mädchen, das gleich mit einer Punkfrisur zur Welt kam. Dein weiches dunkles Flaum Haar, „perfekt gestylt.“

Du schautest mich mit Deinen schönen, großen braun – grauen Augen an.

Dein großer Bruder hielt dich ganz stolz, halb auf seinen Schoß liegend, in seinen Armen.

Er schob dich in deinem Wagen ganz aufgeregt vor Freude zusammen mit Papa durch den ganzen Gang der Geburtsstation.

Diese Abenteuer des Lebens, so aufregend und neu machen Spaß, aber auch immer so schnell müde, deshalb warst du immer für eine handvoll Schlaf bereit.

Mein kleines Kind,
wenn ich in Dein Gesicht sehe,
blicke ich in den Spiegel der Erinnerung.
Und denke an mich, wie ich früher war.

2000

Fotos

Viele kleine Fotos in meinem Album erinnern mich daran,
viele Momente,
viele kleine Erinnerungen, versteckt in jedem Foto.

Wundervolle, schöne Erinnerungen.

... immer wieder denke ich daran,
sehe Deine schönen großen Augen.

... immer wieder denke ich daran,
wie Du so klein und zierlich im Bettchen lagst.

... immer wieder denke ich daran,
sehe das liebe Lachen Deines Bruders.

… immer wieder denke ich daran,
wie Dein Bruder Dich stolz
durch die Gänge der Geburtsstation schob.

… immer wieder denke ich daran,
und sehe Euch vor mir.

Unser neuer Zuwachs

Es war eine schöne Zeit, als wir nach drei Tagen zu Hause ankamen, waren wir eine kleine, süße Person mehr.

Du hattest einen ganz stolzen, großen Bruder, der seiner Schwester die Windeln, Tücher, oder was ich sonst zum Wickeln oder Anziehen brauchte, brachte.

Von Anfang an, war er mit seiner Schwester verbunden, und wurde in die Verbindung „Familie“ mit einbezogen.
Das machte ihn sehr stolz, ihm wurde bewusst, er war ab heute „Der große Bruder!“

Die Nächte wurden wieder kürzer und es war so viel zu tun, in unserem „Familienleben.“

Die Zeit verging …

… und du konntest dich schon im Gehfrei fortbewegen, nun ging es erst richtig rund.

Ihr spieltet gemeinsam an eurem kleinen Spieltisch und erkundetet gemeinsam eure Umgebung.

Ein paar Monate später wurde die Wohnung erst richtig unsicher gemacht, denn jetzt tollten hier eine Indianerin und ein Cowboy durch die Zimmer.

… eine Familie bekam Zuwachs von einem Puppenkind mit Eltern und ...

… so etwas nennt man unzertrennlich …

Das ist alles ein Teil unserer gemeinsamen Zeit.

Diese Zeit, die mir soviel bedeutete.

Die Zeit, die ich nie missen möchte.

Diese Zeit, die uns so stark für unsere Zukunft verband.

Wird immer die wichtigste …

… der Anfang für unsere Familie sein.

Meine kleine Maus

„M.L.“

Sehnsüchtig haben wir auf Dich gewartet.
Wie oft habe ich mit Dir gesprochen.

Wie oft hat Dein großer Bruder Dich durch meinen Bauch gefühlt.
Und meinte: „Sie bewegt sich Mama !“

Als Du dann endlich da warst,
hat er Dich stolz auf seinem Schoß liegend gehalten.

Später seid Ihr unzertrennlich durch die Wohnung geflitzt und habt Prinzessin und Ritter gespielt.

Die Zeit verging ...

... zwischen spielen, lesen, malen, Musik hören, umher tollen und um kurzer Hand die Sachen zu Packen um zu Grillen, Rad fahren oder sonstiges zu tun.

Ich bin so stolz auf Dich, mein Schatz.

... was für ein starkes Band uns heute verbindet.
Das Band, tief aus dem Herzen,
zwischen Mutter und Tochter.

Manchmal kann ich es kaum glauben,
dass Du schon erwachsen bist.

Krank sein ...

Auch Kinderkrankheiten, haben wir gemeinsam ausgestanden.

Jede Mutter kennt es, aber darüber möchte ich nicht zu viele Worte verlieren.

Möchte mich auf die schönen Erinnerungen konzentrieren, das was alles ausmacht.

Aber auch hier sind Erinnerungen zurück geblieben, die ich gerne beiseite schiebe, denn ...

... wie viele Gedanken habe ich mir um euch gemacht.

Wie viele Nächte, konnte ich aus Sorge um euch nicht schlafen.

Wie viele Stunden, habe ich eure Hand gehalten, wie viel Mut habe ich euch und ihr mir gemacht,

wie viele Gutenacht Lieder habe ich gesungen.

Wie viele Geschichten, habe ich euch vorgelesen.

Manche Krankheiten drohten mir fast den Boden unter den Füßen weg zuziehen, sie erforderten sehr viel Zuversicht und Stärke. Ich war sehr froh, wie Ihr diese Krankheiten überstanden hattet und ihr wieder bei uns zu Hause wart.

- Wir waren jetzt alle endlich wieder zusammen.

„ Wie viel Schmerz,
kann eine Mutter ertragen.“

Ein Stein fällt mir vom Herzen

Der erste Moment, in dem ich bemerkt habe, dir geht es wieder besser, war wohl der schönste Moment überhaupt. Das Bewusstsein, nach dem seidenen Faden an dem zum Schluss alles hing, nach einer schweren Krankheit, gab es endlich wieder einen Moment in dem ich aufatmen darf. Die langen Nächte der Tränen, der Ungewissheit, der unsagbaren Machtlosigkeit waren vorbei.

Ja, mir fiel ein schwerer Stein vom Herzen und ich durfte mich freuen, dich bald wieder nach Hause nehmen zu können.

Endlich konnte ich dich wieder so oft ich wollte in den Armen halten, keine Intensivstation hinderte mich nun mehr daran.

Du warst wieder bei mir zu Hause und ich war überglücklich, dass du das Schlimmste überstanden hattest.

Auch wenn mich bei allen deinen Tätigkeiten jahrelang eine untergründige Angst begleitete, die ich dir niemals zeigen durfte.
… das wieder etwas passieren konnte.

Diese Belastung ging mit dem Bewusstsein einher, dass du regelmäßig untersucht werden mußtest.
Aber ich war sehr froh, dass es dir wieder besser ging.

Danke !

Danke, an alle die Ihr geholfen habt.
Danke, durch dieses kleine Gedicht,
das nur mit unscheinbaren Worten,
das zum Ausdruck bringt was ich fühle.
Danke Gott !
Das Du uns allen beigestanden hast.

Danke, dass Du mein stilles Gebet
in dieser lauten Welt
wahrgenommen hast.

Danke, es war nicht das erste Mal,
dass Du mir meine Hilflosigkeit nahmst.
Danke, dass Deine Schutzengel nahe war'n.

Danke, dass mein Kind
jetzt wieder lachen darf !

2000

Danke, lieber Schutzengel

Wieder einmal hast Du lieber Schutzengel
meines großen Schatzes,
sehr gute Arbeit geleistet.

Von klein auf,
bist du meinem Kind immer zur Seite gestanden
und hast Ihm geholfen.

Gott sei Dank,
konnte sich nach ungewissen Schrecken,
immer positive Freude ausbreiten.

Auch wenn sich vorher Sorge und Traurigkeit
ausgebreitet hatten,
gab es zum Schluss ein lachendes
und ein weinendes Auge für mich.

Bitte pass weiter so gut auf mein Kind auf, wie bisher.
Ich danke Dir immer dafür.
Danke, lieber Gott, für Deinen Schutzengel !

2004

Im Krankenhaus

Ich kann mich nur zu gut daran Erinnern, als sich dein Fieber einfach nicht mehr senken lassen wollte.
... und du hattest schon einen Fieberkrampf.
... glücklicherweise konnte ich bei dir im Krankenhaus übernachten, und du warst nicht allein.

Es war das schlimmste für dich allein sein zu müssen, und für mich wäre es das Schlimmste gewesen, Abends nicht zu wissen, wie es dir geht.
Durch die Tatsache, dass wir zusammen sein konnten, ging es uns beiden besser.

Und als sich das Fieber endlich senkte, war ich überglücklich, weil du aber noch unter Beobachtung standest, fing die Zeit des Lesens an. Du liebtest Geschichten, die Bücher, die ich dir damals mitbrachte, wurden zu deinen Lieblingsbüchern und ich las dir stundenlang daraus vor.

Ja, du warst unermüdlich von den Tiergeschichten über Freundschaften, Verbote und anderen Dingen zu hören. Auch das Lese-Sticker Buch von der Teddybär Familie gefiel dir gut.

Mir bereitete es große Freude, weil dir die Geschichten so gut gefielen.
Noch Jahre danach, gehörten diese Bücher zu deinen Lieblingsbüchern, nur dass du die Bücher schon bald selbst lesen konntest.

Nach traurigen Monaten, nach gesundheitlichen und mentalen Höhen und Tiefen,
erfüllte unsere Gedanken, wieder der Wunsch nach einem Kind.

... wieder entfaltete sich ein kleiner Schmetterling.
Diesmal verging die Zeit der Schwangerschaft viel schneller als zuvor.

Mit meinen zwei Schätzen bei mir, hatte ich einen erfüllten Tag. Und immer genug zu tun, zu erledigen und zu unternehmen.

Die Zeit verging wirklich im Fluge und das nicht nur wegen meiner kleinen Kinder.
Es war einfach rund um die Uhr, das Abenteuer Familie zu bestehen,
Langeweile wirklich ein Fremdwort für mich.

Das schönste ist,
wenn ich meine Kinder
Hand in Hand spazieren gehen sehe.
Dann ist mein Herz
mit Glück und Stolz erfüllt.

2000

Warum …
Warum …
… sollte das Leben einer kleinen Familie,
denn kein Abenteuer sein.

Kindergartenzeit

Kindergartenzeit ...
so viele Aktivitäten, wo soll ich da nur anfangen …

… so war es jedoch immer, ihr tobtet euch im Kindergarten aus und dann ging es weiter, in den Freizeitpark, Grillen, wir waren im Sommer immer unterwegs.
Und zur Winterzeit …
… angesagt: „Bücher, Lernspiele, Memories und Brettspiele.“

Mein Schatz,
gerne mochtest du deine Elefantenfamilie, oder spieltest mit deinem Lieblingsauto.
Meine Süße, immer hörte ich dich singend durch die Wohnung gehen, mit einer kleinen Tasche, sorgsam gefüllt mit deinen Lieblingspuppen.
… aber am liebsten spieltet ihr zusammen Vater, Mutter und Kind.

Für meine kleine Maus

Dein Gesang, erfüllt jeden Raum.

Dein Lachen, erhellt jedes Zimmer.

Deine Augen, scheinen wie Sonnenstrahlen.

2000

Pokemon und Sailor Moon

„M. und M.L."

Wenn Ihr Fernsehen durftet, dann war die schöne Sailor Moon und die mutigen Pokemons auch zu Hause bei uns schnell zur Stelle. Es ist ganz natürlich, wenn man eine heldenhafte Figur besonders mag, schlüpft man auch gerne in diese Rolle.

Monatelang gingen diese Helden und Heldinnen bei uns ein und aus. Und nicht nur hier, auch im Kindergarten, wart Ihr mit euren Freunden und Freundinnen heldenhaft unterwegs. Kinder sind so begeisterungsfähig und ausdauernd, wenn es um ihre Lieblingshelden geht.

Der Pokeball wurde geworfen, um Pikatchu oder Glurak erscheinen zu lassen.

Ja, Glurak dein absolutes Lieblingspokemon - eine Weiterentwicklung von Glumanda, einem Feuerpokemon. Du wusstest über jedes einzelne Pokemon Bescheid, alle Namen, Eigenschaften, Fähigkeiten, usw.

Und Sailor Moon sorgte mit Ihren Zauber für „Liebe und Gerechtigkeit".

Das waren eure größten Helden und Heldinnen, aber natürlich gab es noch so viele weitere Helden, so viel spielend zu erzählen, so viele Abenteuer spielend zu meistern ...
... und so vieles zu bestehen.

Ihr besaßt die Fantasie und ihr spieltet einfach alles was euch wichtig war.
Wie kann man besser lernen, verschiedene Situationen zu erleben und zu bestehen, als im Spiel.

Gerne denke ich an diese Zeit zurück, dieser Zeitabschnitt, hat euch für immer geprägt. Vorbilder und Rollen in die man schlüpft, ein sehr wichtiger Bestandteil für euch, um euren Weg im Leben besser gehen zu können.

„Spielend, kann man am besten lernen."
Und ich hatte zwei Helden immer bei mir.

Musik - Dein ständiger Begleiter

„M.L."

Von Morgens bis Abends, konntest du Musik hören, ob du beim Spielen oder dabei warst, dir Bücher anzuschauen. Deine Lieblingsmusik konnte, durfte und musste immer laufen. Und da hattest du zwei – drei CD´s die du liebtest. Teilweise schlichen sich auch Märchen ein, die auch beachtet wurden.

... kaum zu glauben, dass du von klein auf, am besten mit Musik einschlafen konntest. Nachdem ich euch viele eurer Lieblingskurzgeschichten vor gelesen hatte, war an das Schlafen eigentlich noch gar nicht zu denken. Erst als ich dir deine Lieblingsmusik angestellt hatte und dich dazu im Takt wippte, schliefst du dabei wirklich selig ein.

Später als du „Ritter Rost“ zum Geburtstag geschenkt bekommen hast, gab es auch für deinen großen Bruder kein Halten mehr.

Ich hörte euch beide fröhlich die Lieder mitsingen, wenn ihr die CD anhörtet und euch die Geschichte im Buch ansaht, oder ich sah und hörte euch fröhlich singend durch die Wohnung ziehen.

… diese Zeit der Musicals wiederholte sich wieder, als dein kleiner Bruder 3 Jahre alt war und heute macht ihr sogar selbst gerne Musik mit Herz und auch mit eurer Seele.

Bestimmte Dinge ändern sich eben nie.

Dann kündigte sich auch bald euer kleiner Bruder an.
Du freutest dich: „Mama, bekomme noch 100 Kinder mehr!"
Das war natürlich nicht machbar.
Ich erwiderte nur lachend: „Wenn du groß bist, kannst du so viele Kinder haben, wie du möchtest. Aber mir reichen drei."

Deine Schwester freute sich auch: „Dann bin ich mal die große Schwester."

Eine schöne ereignisreiche Zeit …
… wie sehr habe ich mich auf dich gefreut.

Das Abenteuer des Lebens,
jeden Tag,
immer wieder aufs Neue.

Kleine Hände

Kleine Hände,
die meine halten.
Kleine Worte,
die mich rufen.
Kleiner Mund,
der sie spricht.
Kleines Kind,
wie lieb' ich Dich.

2001

Meine dritte Schwangerschaft

„S. M."

Dann endlich, meine dritte Geburt …
… wieder einmal ein Tag im Krankenhaus, ich weiß es noch, als wäre es erst heute gewesen.

Dabei ist es nun schon 16 Jahre her.

Eine schmerzhafte, starke, schnell vorangehende Geburt, mit einem schönen Ergebnis. Mein dritter Schatz wurde geboren.

Das erste Mal spielte leise Musik, ein wunderschönes, neues Lied …
… und das war nur bei deiner Geburt so.

Mein drittes kleines Wunder hielt ich behutsam in meinen Armen.

Glück ist einfach unbeschreibbar.

Große braun - graue Augen strahlten mir keck entgegen. Und ich fühlte, mit dir ist mein Familienglück komplett.

Am Nachmittag hielten dich deine Geschwister halb auf ihrem Schoß liegend, voller stolz in Ihren Armen. Dann wurdest du von den beiden froh durch den Gang der Geburtsstation im Eiltempo hin und her geschoben.
Ein Bild, das ich nie vergessen werde …

… den Song habe ich mir später als Erinnerung an dieses besondere Ereignis, diesen besonderen Moment gekauft.
… meine Gedanken schrieb ich auf das Booklet.

Eine kleine Erinnerung - Momente …

Mein kleiner Schlingel

„S.M.“

Mein kleiner Schlingel
Mit deinen großen grau – braunen
Augen.

Wie schön, lachst Du mich immer an.
Wie groß, ist Dein Herz
und wie glänzend sind Deine Augen.

Wie gut kannst Du schon meckern.
Wie temperamentvoll Du doch bist.
Weißt genau, wohin Dein Weg geht,
was Du willst.

… behalte Dir Deine Ziele immer vor Augen,
verliere den Blick für Deine Ziele nie.

Ich werde immer für Dich da sein,
wenn Du einen Rat und Unterstützung brauchst.

Du weißt oft gar nicht,
wie stolz ich auf Dich bin.

Ich weiß, Du kannst vieles,
Du musst es nur tun.

Unser dritter Zuwachs

Am dritten Tag, holten uns morgens alle zusammen vom Krankenhaus ab. Alle erwarteten uns schon sehnsüchtig, denn es ging richtig rund und viel Arbeit wartete darauf getan zu werden.

Dann konnten wir wieder durchstarten.

Wer sagt Familienleben, ist langweilig?

Wir - ein richtig gutes Team, in Sachen Familie und Unternehmungen.

Unser Kleinster war von Anfang an dabei. Er war immer mittendrin, egal, um was es ging, nichts entging ihm, er durfte auf keinen Fall etwas verpassen.

Mein kleiner Räuber

Guten Morgen, mein kleiner Zappelkater !
Wach' auf !

Schau', die Anderen sind auch schon wach.
Geselle Dich zu Ihnen, mein kleines Kind.
Damit mein Tag, so richtig erst beginnt.

Es könnte ja sonst zu langweilig sein.
Das will keiner ganz bestimmt.
Guten Morgen, mein kleines, kleines Kind.

2000

Mein schönstes Geschenk zu Weihnachten

„S.M.“

Man sagt doch immer, an Weihnachten, geht es eigentlich um die ganz besonderen Geschenke, die nichts kosten müssen und auch in einer materiellen Tabelle keinen Platz finden würden.

Ja, genau das soll Weihnachten sein, das Fest des Herzens. Und nicht das Fest des Geldes. Eines meiner schönsten Geschenke, die ich vor genau 16 Jahren bekommen habe war das Natürlichste überhaupt. Es ist nicht mit Geld zu bezahlen und man kann dafür auch keinen Wert festlegen.

Und gerade das macht es so wertvoll.

Wie damals jedes Jahr, gingen wir alle gemeinsam am Heiligen Abend zu meinen Eltern nach Hause. Es gab wie immer Fisch und den Kartoffelsalat meiner Mutter, der der Beste überhaupt war.

Nachdem wir alle gegessen hatten und noch beisammen saßen, kam bald die Bescherung an die Reihe.

Wie immer blieben wir alle sitzen bis meine Mutter den Raum verließ und eine kleine Glocke ertönen ließ.
Alle freuten sich, verteilten Ihre Geschenke und packten die aus, die sie geschenkt bekamen.

… das aller schönste Geschenk bekam ich an diesem Weihnachtsabend, es war das allererste Lächeln meines jüngsten Sohnes, der erst 2 Wochen alt war.

Zufrieden lag er in seinem Sitz, seine Augen strahlten, und er lächelte mich glücklich und zufrieden an.

… das war mein aller schönstes Geschenk überhaupt.

Man kann es kaum Glauben ...

„S.M.“

Man kann es wirklich kaum glauben, in der Zeit, wenn sich deine Geschwister im Kindergarten austobten, warst du immer, wirklich immer dabei. Du schautest mir beim Kochen zu, beim Saubermachen, egal was kam und war, du warst dabei.

Erst in deinem Babysitz, dann in deinem Gehfrei, dann mir einfach hinter her.
Besonders schön, empfand ich es immer, wenn du Staubsaugen wolltest, das scheinen kleine Jungen wirklich gerne zu machen. Genauso, wie dein großer Bruder zuvor auch.
Leider ändern sich aber einige Vorlieben mit der Zeit, auch diese Vorliebe, war dann irgendwann eingeschlafen.

Egal wie klein du warst, sofern deine Geschwister zu Hause waren, warst du immer mitten im Geschehen.

du wolltest Spiele die für dein Alter eigentlich vorgesehen waren, gar nicht mehr Spielen, weil es viel interessanter war, das zu Spielen, was deine großen Geschwister spielten.

Auch von dem Vorgelesen bekommen, hieltest du nicht viel, du könntest ja etwas von dem verpassen, was die Anderen gerade machen.
Aber eines liebtest du sehr, das Ausmalen, und obwohl du erst 2 Jahre alt warst, konntest du perfekt und wirklich genau Ausmalen.

So wurdest du sehr schnell groß, manchmal einfach so neben her.

... ich fragte mich häufig, ob das Erwachsen werden für dich nicht einfach zu schnell ging, aber ich glaube, das ist immer bei den Jüngsten so.

Die Bedürfnisse und Wünsche ändern sich einfach zu schnell, wenn man ältere Geschwister hat.

Umarmungen

„S.M.“

Ich habe noch kein Kind gesehen, dass so gerne umarmt hat wie du. Du warst wirklich herzenslieb und offen für andere. Vielleicht gerade weil du noch so klein warst. Da warst du noch nicht einmal ein Jahr alt, du wolltest am liebsten die ganze Welt Umarmen.

Du gingst im Kindergarten auf alle Kinder zu und wolltest sie umarmen.
Leider gab es einige, die darauf nicht sehr nett reagiert haben, deshalb ändertest du deine Vorliebe und sahst nun jedes Kind etwas kritischer an, glücklicherweise konntest du dir deine liebe Art aber immer noch bei behalten.

Es war schade, dass noch nicht einmal die kleinen Kinder im Kindergarten zu noch kleineren herzlich sein können, wie werden sie erst als Erwachsene sein?

Dein erster Auftritt,

am Sommerfest.

„M.L.“

Singen war und ist dein Leben, von klein auf …

… Musik ist dir so wichtig, genauso wie auch heute.

Du warst gerade erst vier Jahre alt, da übtest du für deinen ersten Auftritt im Kindergarten. Das Kostüm der Hexe bastelten wir selbst.

Dann war es so weit, ein besonders kleines Mädchen mit langen brünetten Haaren, bereitete sich für Ihren Auftritt vor.

Verkleidet als kleine Hexe, meisterst du wie eine große diesen ganz besonderen Moment. Der CD Player wurde angeschlossen, die CD eingelegt und noch einmal das Mikrofon getestet. Es funktionierte alles.

Nun war dein großer Auftritt da. Ganz mutig begannst du zu singen: „Sieben kleine Hexen, fliegen durch die Nacht …“ Dann ging es weiter: „Machen nur Unfug mitten in der Nacht ….“

Alle waren verdutzt und beeindruckt, dass du dich getrautest ganze sieben Strophen, vor allen Leuten vor zu singen.

Mit deiner lieben, süßen Art und deinem schönen Gesang beeindrucktest du wirklich alle Gäste des Kindergartens.

Deshalb war dir ein großer Applaus sicher, und ganz stolz und glücklich, spieltest du nach deinem Auftritt einfach weiter mit deinen Freundinnen.

Das war dein allererster Auftritt, und du warst gerade einmal vier Jahre alt.
Und ich so stolz, wie man nur sein kann.

Es war auch an diesem Sommerfest, das erste Mal das ich für alle Kinder Gesichtsmalerei angeboten habe.

Eine tolle neue Erfahrung, vorher habe ich euch auch ab und zu geschminkt und mir unendlich viele verschiedene Vorlagen angesehen, aber ich empfand es als viel interessanter daraus eigene Kreationen zu gestalten.

So wie an diesem Sommerfest, ihr spieltet mit euren Freunden und ich machte mich mit einer anderen Mutter daran, die restlichen Kinder zu schminken. Es machte einen riesen Spaß, die Kinder als Batman, Spiderman und Co. zu bemalen.

Natürlich tummelten sich bald auch Feen, Prinzessinnen und Schmetterlinge.
Auch Löwen und Tiger kamen nicht zu kurz und waren bald vertreten.

Mein Jüngster, war die ganze Zeit neben mir in seinem Kinderwagen und beobachtete interessiert, was ich da mache. Mann konnte ihm wirklich sichtlich ansehen, dass ihm es gut gefiel, dass alle auf einmal ganz bunt aussahen.

Er lächelte, aß ein Brezel und war sehr vergnügt. Alles was er sah schien ihm zu gefallen.

Besonders als dann der große Bruder, endlich an die Reihe kam, natürlich, wie konnte es anders sein, wollte er als Spiderman geschminkt werden.
Ich verteilte auf seinen Gesicht überall rote Farbe und ein Spinnennetz breitete sich bald auch schon darüber aus.
Deine Schwester hatte ich schon vor Ihrem großen Auftritt als Hexe mit einem Wangenspinnennetz versehen, damit sie hexenhaft gut singen konnte.

Fernseh' Zeit...

Langsam begann die Zeit, in der du gerne mit deinen Geschwistern Fernsehen schautest, ihr habt gerne gemeinsam ferngesehen, besonders zur kalten Jahreszeit, wenn alle Spiele gespielt waren und das Wetter nicht gut genug war, um gemeinsam zum Spielplatz zu gehen.

Das war die große Zeit von Käptn' Balou und der Gummibärenbande, aber deine absolute Lieblingsserie waren die Teletubbies. Die kamen zu dieser Zeit gerade auf und waren ganz aktuell. Du hattest dir sogar Ausmalbücher von Ihnen gewünscht, die du eifrig ausmaltest.

Und wenn du nur die Babysonne der Serie sahst, strahltest du über das ganze Gesicht. Deine großen Geschwister schauten es dir zuliebe mit an, du warst ja ihr kleiner Bruder und erst 1 – 2 Jahre alt.

Deine Grundschulzeit

„M.“

Ja, das war wieder ein neuer Abschnitt, es hieß jetzt mehr lernen und Hausaufgaben machen.

Am besten gefiel es dir eigentlich in den Pausen mit deinen guten Freunden Fußball zu spielen oder Pokemonkarten zu tauschen, alles andere gehörte für dich einfach so dazu. Du warst für deine Freunde immer da. Ein guter Schüler warst du auch, wolltest es mit dem Lernen aber auch nicht übertreiben.

Sport, also Taekwondo und Fußball, war immer das Wichtigste für dich.

Du stecktest die meiste Energie in deine sportlichen Tätigkeiten. Und du warst der schnellste Läufer auf deiner Schule, der beste Libero und einer der Besten im Taekwondoverein.

Das war für dich deine ganz besondere Welt, in der du dich am liebsten aufhieltest.
Natürlich waren wir alle sehr stolz auf dich.

Deshalb erzähle ich jetzt einige Erinnerungen vom Taekwondo.

M. malt seine Schwester und sich im Schwimmbad.

Mein Taekwondo Held

„M.“

Kurz bevor unser Ältester in die Schule kam, meldeten wir ihn beim Taekwondo an...

... und schon bald kristallisierte es sich heraus, dass du ein ganz spezielles Talent für diesen Sport hast. Du lerntest die verschiedenen Techniken sehr schnell und konntest schnell deinen ersten Gurt bestehen.

Dein erster Kampf war ein Freundschaftskampf und natürlich hast du ihn gewonnen. Und wenn ich so über alles nachdenke, hast du bei den meisten Turnieren gewonnen. Die vielen Medaillen und Pokale erinnern noch heute daran.

Du warst mit 12 Jahren der jüngste Schwarzgurtträger des Jahres.
Damals habe ich mich im Verein sehr engagiert.
Ein schöner, aber auch sehr anstrengender Abschnitt, den wir zusammen gingen, denn viele Wochenenden waren wir alle gemeinsam auf Turnieren.

Ich kann mich erinnern wie stolz ich auf dich war, dich hochhob, wenn du gewonnen hattest und dich tröstete, wenn du mal traurig warst, eben alles was zum Leben dazu gehört.

Ja, du warst wirklich außergewöhnlich gut, so gut, dass du sogar nach kurzer Zeit beim Regionalteam mitmachen durftest.

Ich kann sagen, dass du auch im Nationalteam dabei warst, und sogar mehrfacher Deutscher Meister wurdest, aber das war einige Jahre später.

Mit viel Erfolg, Bewunderung, Anerkennung, der Erfahrung und der Erkenntnis, dass der Sport ein wichtiger Teil für dich ist, es aber auch andere wichtige Dinge gibt. Wird dir heute erst bewusst, was du alles erreicht hast.

Der Turnierglücksbringer

„M.“

Für Turniere bereitete dich dein Meister natürlich mit vielen Kämpfen und üben der Techniken vor. Als du klein warst, hast du immer etwas Zuspruch gebraucht, obwohl du einer von den Besten deines Taekwondovereins warst.
Was dein Meister dir sagte, wurde im Wettkampf umgesetzt. Er war wie ein Opa für dich.

Um dich weiter zu unterstützen, sagte ich dir immer wieder, dass du gut kämpfst und dass es mir wichtig ist, dass du auf dich aufpasst.

Deshalb dachte ich mir, ein Glücksbringer wäre genau das Richtige für dich.
Zu dieser Zeit liebtest du Pokemon. Ich kaufte dir ein Set, das eine goldene Pokemonmünze enthielt. Wenn ich mich richtig erinnere, war Pickachu auf der Münze zu sehen.

Ich gab dir die Münze und meinte: „Die bringt dir Glück beim Kämpfen, du wirst bestimmt gewinnen.“
Du strahltest, gewannst und nahmst sie bei jedem Wettkampf mit.

Eines Tages fanden wir die Münze nicht …

Ich erklärte dir: „Die Münze hat dich nicht gewinnen lassen, sondern nur du selbst. Du brauchst keine Münze und hast auch nie eine Münze gebraucht. Du, schaffst das.“

… und du gewannst ab jetzt immer aus dem Bewusstsein heraus, es einfach selbst schaffen zu können.

Ich war sehr stolz auf dich, nicht nur weil du gewonnen hattest, sondern weil du an dich selbst glaubtest.

(Mittlerweile warst du 8 Jahre alt.)

Deine Grundschulzeit

„M.L."

Für dich war der Kindergarten nur eine zeitlang interessant, zwar spieltest du hier mit deinen Freundinnen die verschiedensten Rollenspiele, besonders gerne Sailor Moon, aber bald schon wurde dir langweilig und du wolltest immer früher abgeholt werden.

Du meintest immer nur: „Mama, hole mich bitte nicht so spät ab, es ist immer so langweilig im Kindergarten. Ich möchte viel lieber so wie mein großer Bruder in die Schule gehen."

Also sprach ich mit deiner Erzieherin, die deshalb Bedenken hatte, weil du so klein und zierlich warst. Auch wenn du ansonsten für dein Alter schon sehr fit warst.

Dein Wunsch stand fest, und da du als September geborene ein „Kann Kind" bist, meldete ich dich für den Schultest an.

Vor der Untersuchung teilte ich der Ärztin die verschiedenen Meinungen mit.
Und nachdem sie mit dir gesprochen hatte meinte sie nur: „Es ist egal, ob sie klein und zierlich ist, sie ist reif genug für die Schule.“

Und schon stand es nach einigen Tests fest, dass du noch mit 5 Jahren eingeschult werden konntest.

Es war die richtige Entscheidung, denn du warst schon immer wissensdurstig, und diesen Wissensdurst musste man stillen. Später meinte deine Lehrerin nur: „Klein aber oho.“

M.L. malt unsere ganze Familie.

Ballettaufführung

„M.L.“

Du wolltest unbedingt zum Ballett, Taekwondo war für dich erst einmal keine Option.

Bei der ersten Probestunde, konntest du fast einen kompletten Spagat und das beeindruckte deinen Lehrer sehr. Natürlich sprach er mir zu, dich anzumelden.
Natürlich war mir deine Meinung wichtiger und als du ebenfalls zustimmtest, wirklich Ballett machen zu wollen, meldete ich dich an.

Ab nun gingst du jede Woche einmal, nach ein paar Jahren zwei Mal in der Woche in die Ballettschule.

Es gab viele kleine Zuschau-Stunden, einmal hattest du einen Auftritt, beim 50. Jubiläum deiner Grundschule oder an kleinen Stadtfesten, aber dein größter Auftritt, war die kleine Katze in „Peter und der Wolf".
Deine Rolle viel dir leicht und du gingst vergnügt aus der Probe heraus.
Dir sagte die Rolle als süße, liebe Katze sehr zu.

Am Premiereabend konntest du wieder einmal mit einer ganz besonderen Leichtigkeit und Eleganz das Publikum begeistern.

Mit dem Blümchentanz, dem Matrosen Tanz jeweils mit der kompletten Ballettgruppe, sowie zusammen mit den wunderbaren Darstellern und deiner Rolle als Katze in „Peter und der Wolf".

Besonders mochtest du Peters Opa, ein älterer Balletttänzer der aus England oder Irland kam, und ganz besonders nett war. Diese schöne Erinnerung wurde aufgezeichnet, die DVD davon habe ich immer noch.

Sogar eine Fotografin war anwesend die den ganzen Abend in schönen Fotos festhielt. Sie fotografierte während der Vorführung und auch zum Abschluss machte sie Gruppenfotos von euch, den Darstellern von „Peter und der Wolf“.

Das ganze Drumherum war eine schöne Erfahrung für dich und auch für mich.
Es hatte so was von dem was „Bretter die die Welt bedeuten“, in einem kleinen gemütlichen Rahmen.

Der Abend war einfach perfekt. Dein Ballettlehrer hatte sogar längere Zeit im Vorfeld den Vorschlag gemacht, dass du ein Ballettinternat besuchen solltest.

Aber das war keine Option für uns. Denn du wusstest genau, dass du nicht ohne deine Familie sein wolltest.
Zu sehr hättest du uns vermisst, so wie wir auch dich.
Und außerdem wolltest du Ballett nur als Hobby und nicht in der Zukunft als Beruf ausüben.

Und man muss sich bewusst sein, dass das den Körper wirklich sehr belastet hätte, die Proben in so einem Internat sind täglich und das mehrere Stunden.

Das Wichtigste war …

… dieser Moment der Aufführung.

An diesem Abend stand es wieder einmal fest, ich hatte einen Grund mehr, um stolz auf eines meiner Kinder sein zu können, denn an diesen Abend warst du zusammen mit den anderen ein kleines Sternchen am Himmel des Balletts.

Vom Tutu in den Dobok

„M.L.“

Was die meisten wunderte war, dass du nach einigen Jahren ebenfalls Taekwondo ausübtest. Und das auch noch gut, die Poomsae, liebtest du wirklich.

Den Ausdruck und die Eleganz vom Ballett konntest du in die Poomsae überzeugend einbringen. Du musstest deine Disziplin nur noch mit Kraft abrunden.

So hieß es also für dich Montag, Taekwondo Training,
Mittwoch erst Ballett und dann Taekwondo Training,
Freitag Taekwondo Training (später sogar zuerst Ballett – Unterricht).

Aber all das wurde dir nicht zu viel, dir machte es Spaß zusammen mit vielen anderen Kindern und ganz besonders mit deinen Brüdern, das Taekwondo zu erlernen.

Das war das Wichtigste für dich, du wolltest etwas machen, was deine Brüder ebenfalls ausüben; zusammen mit Ihnen.

Außerdem war es perfekt, weil du fast zur gleichen Zeit mit deinem kleinen Bruder das Taekwondo beginnen konntest.

Du hättest wirklich sehr gerne bei Poomsae Meisterschaften mit gemacht, denn das Kämpfen auf Turnieren war nicht deine Welt. Aber leider nahm der Verein nicht mehr an Poomsae Turnieren teil.

Und heute gibt es wieder andere Dinge die dir wichtig sind.

Wie könnte es anders sein - Unser 2. Taekwondo Held

„S.M.“

Wie könnte es anders sein, als du sechs Jahre alt warst, natürlich warst du da auch dabei und lerntest mit deinen Geschwistern Taekwondo.
Du warst wie deine Geschwister sehr beweglich, sehr sportlich und erfolgreich.

Viele Medaillen, viele Pokale gewannst du. Bei jedem Wettkampf warst du mit deinem ganzen Temperament dabei. Es machte dir Spaß, du wusstest immer was du wolltest und konntest es umsetzen.
Du hattest ein großes Vorbild, deinen erfolgreichen, großen Bruder.

Du beherrschtest deine Techniken einfach schnell, perfekt und präzise. Es machte Spaß dir zuzusehen.
... Uns erfüllte es mit Stolz, wenn wir dir bei den Kämpfen

zusahen.
Aber als du und deine Schwester den halb Schwarzgurt erreicht hattest, hörtet ihr beide auf.

Du warst für zwei Jahre der kleine Libero auf der linken Außenseite beim Fußball. Von da an war ich oft am Fußballfeld. Aber auch das war nur ein kurzes Engagement.

Dann entschiedst du dich, auf die Musik umzuschwenken.
Bis heute machst du und deine Schwester zusammen Musik. Was wohl die beste Entscheidung überhaupt war, denn so könnt ihr euch und eure Gefühle am Besten ausdrücken.

Wie bei allem, was ihr bis heute gemacht habt, war ich immer sehr stolz auf euch.
Denn ihr habt so viele Talente und Fähigkeiten, und ich bin gespannt, was Ihr in eurer Zukunft noch alles machen werdet.

Aber das gehört eigentlich schon in eure Gegenwart.

Der Regenbogenfisch

„M.L.“

Du warst in der Grundschule in der zweiten Klasse, deine Lehrerin wollte mit euch den „Regenbogenfisch“ aufführen. Die Lehrerin verteilte die verschiedenen Rollen an die Kinder.

Dir hat deine Lehrerin sogar zwei verschiedene Rollen angeboten, weil sie wusste, dass du Texte sehr gut auswendig lernen und darstellen konntest.
Auf jeden Fall bot sie dir die Hauptrolle des Regenbogenfisch und die des kleinen blauen Fisch in der Geschichte an.

Als du zu Hause warst, erzähltest du mir davon und auf die Frage: „Welche Rolle hast du dir ausgesucht?“
Antwortest du mir: „Natürlich der kleine blaue Fisch.“
„Warum willst du lieber den kleinen, blauen, Fisch anstatt den Regenbogenfisch spielen?“

„Mama, weißt du, der kleine, blaue Fisch ist von Anfang an zu allen nett.

Und er ist der Einzige der so schön blau ist, dann bin ich der einzige blaue Fisch. Der Regenbogenfisch ist erst später nett, deshalb wollte ich ihn nicht spielen.“

Ein Lächeln legte sich auf mein Gesicht. Ich war so stolz auf dich, dass du jetzt schon deine Prinzipien hattest, und dir das Wesentliche wichtig war.

Und meinte deshalb nur: „Das kann ich verstehen, spiele deinen kleinen, blauen Fisch, mein Schatz.“

Die kleine Schriftstellerin

„M.L.“

Eine zeitlang, machte es dir Spaß selbst Geschichten zu schreiben, was mich natürlich freute. Der Grund war bestimmt auch, dass es dir gefiel, wenn ich für euch eigene Kindergeschichten schrieb.

Du wolltest es auch ausprobieren und da du schon immer viel Fantasie besaßt, sind deine Geschichten auch besonders fantasievoll.

Auf jeden Fall, möchte ich hier deine zwei ersten Geschichten vorstellen.

Die Feenleiter

Jedes Jahr sind Feen da. Winterfeen, Sommerfeen, Frühlingsfeen, Herbstfeen. Sie alle begegnen sich an einem besonderen Platz, der mit Blümchen und kleinen Tierchen bedeckt ist.

Sie stehen und warten bis eine Leiter herunter kam. Sie gingen hinauf bis in die Wolken!
Die kleinen Feen hüpften und spielten auf den Wolken! Dann gingen sie alle zur Oberfee.

Und sie alle Feiern ein Fest! Sie tanzten um ein großes Feuer. Eine Fee stolperte über einen Stein. Sie prustete und weinte. Da hörten die Feen auf zu tanzen. Die Krankenschwesterfee kam. Sie gab ihr ein Feenpflaster. Nun war es wieder gut! Sie tanzten, aßen und tranken. Bis es doch Abend wurde. Sie gingen die Leiter hinab und schliefen.

Ende

M.L. (Alter: 7 Jahre)

Ein besonderer Engel

Es war einmal ein kleiner Engel, der wollte viel entdecken. Doch er durfte nicht in die weite Welt. Seine Eltern hatten Angst um ihn.

Aber der Engel flog zur Welt hinab. Dort sah er viele Menschen und andere fremde Sachen. Nun dachte er und sagte: "Es gibt ja auch andere Lebewesen." Das wusste er nämlich nicht. Er flog zu einem Haus und sah dort eine Frau die freundlich zu ihm lächelte. Der Engel sah sie an und fragte sie, ob er ihr etwas behilflich sein kann. Da antwortete sie: "Ja, gerne komm doch herein." Der Engel sah sich alles im Haus an und half der Frau sehr viel.

Sie sagte bald darauf hin: "Du bist sehr freundlich, wie ist dein Name Engel?" Da sagte der Engel: "Mein Name ist Maria." Die Frau sagte: "Nun Maria, du hast mir sehr viel geholfen. Du verdienst ein Geschenk." "Was für eins?", fragte Maria. "Ein sehr großes Geschenk."

Die Frau gab ihr einen kleinen Samtbeutel und sagte: "So klein es auch ist, es ist voller Magie."

Die Frau ging in ihr Haus zurück und sagte: "Auf Wiedersehen!“ Maria flog wieder in den Himmel und ihr Engel Freund Mike kam angeflogen und sagte: "Hallo Maria!" Danach kamen auch andere Engel angeflogen und fragten: "Was hast du da für einen Beutel?" Maria antwortete: "Den Beutel des Zaubers.“ Sie öffnete den Samtbeutel und ließ ein bisschen von dem Zauber heraus.

Als sie den Beutel dabei schüttelte verteilte sich der Zauberglitzer und ließ einen Regenbogen aufsteigen. Und alle Engel lebten glücklich mit Liebe, Fantasie und Zauber weiter.

Ende

M.L. (Alter: 8 Jahre)

Grundschulzeit

„S.M.“

Du warst schon immer mittendrin, ich weiß, das erwähnte ich schon, das änderte sich in der Grundschulzeit auch nicht. Schnell fandest du gute Schulfreunde, die dich auf deinem neuen Abschnitt begleiten.

Du liebtest alle sportlichen Aktivitäten und wenn die Schulklasse an Wettkämpfen teilnahm, warst du dabei.

Dass du Taekwondo ausübtest, war auch noch einmal ein ganz besonderer Pluspunkt, der dir bei den Anderen große Anerkennung einbrachte.

Einen Schulfreund nahmst du sogar mit ins Taekwondo, er blieb allerdings nicht so lange wie du bei dieser Sportart.

Und weil in dieser Zeit, Taekwondo einen großen Teil unserer Zeit einnahm, hier nun auch eine Geschichte davon.

S.M. „Selbstportrait".

Taekwondo – Flummi

„S.M.“

Das ist wirklich die richtige Bezeichnung für dich. Du Kämpftest nicht nur, nein du schwangst deine Beine nur so um dich herum, beherrschtest schon so jung Sprungtechniken.

Es war einfach unglaublich wie gelenkig, präzise und koordinationsgewand du warst. Die Leute schauten immer interessiert zu, wenn du einen deiner Wettkämpfe bestrittst. Und es war wirklich immer eine riesige Menschenmasse, die sich auf einmal um die Wettkampffläche herum bildete.

Sie schauten meistens zweimal verwundert hin, das ein gerade mal 7 Jähriger, der höchstens 1,20 cm groß war, so hervorragend seinen Kampf ablieferte.

Ja, der Jüngste vom Verein hatte immer die meisten Zuschauer. Du gewannst mehrere Techniker Pokale und natürlich belegtest du so gut wie immer den ersten Platz.

Und nach und nach, machtest du dir in deinem so jungen Alter, einen richtigen Namen bei den Wettkämpfen. Du wurdest von den Teams der anderen Vereine, wie dein großer Bruder auch gegrüßt und es gab meistens, ein „High five.“

Nach einem erfolgreichen Wettkampf, hoben dich alle vom Verein, immer stolz hoch, wie einen kleinen Pokal.

Schon sehr früh, warst du mit deinem Bruder, stolz im Regionalteam dabei.

Vielleicht warst du ein kleines sportliches Weltwunder, wer weiß. Natürlich sind Eltern immer besonders stolz, wenn es um ihre Kinder geht, aber ja, du, warst echt „außergewöhnlich“.

Und man kann wirklich sagen:

„Legen – där.“

Unendlich

Unendlich ist die Liebe zu Euch,

auch wenn es nicht immer leicht ist,

Euch den richtigen Weg zu zeigen.

Unendlich ist die Liebe zu Euch,

auch wenn ihr manchmal ein Touhuwabohu,

in meinem Leben hinterlässt,

das ich wieder entwirren muss.

Unendlich ist die Liebe zu Euch,

denn ihr bringt den Glanz in meine Augen

und erwärmt mein Herz, mit Eurem Lachen.

Unendlich ist die Liebe zu Euch!

2006

Es begann die Zeit ...

Ihr wurdet von Jahr zu Jahr immer größer, ihr kamt in die Pubertät.
Ein ganz neuer, interessanter Lebensabschnitt begann, mit dem ich mich in diesem Buch nicht befasse.

Egal welche Wege ich mit euch gegangen bin, sie waren immer sehr ereignisreich.

Ich bin sehr froh, stolz und glücklich, euch zu haben.
Wenn sich auch mittlerweile unsere Wege immer mehr und mehr trennen,
Ihr erwachsen geworden seit, euren Weg gefunden habt.

Es gibt nichts was erfüllender sein kann, als zu wissen: „Meine Kinder gehen auf dem richtigen Weg und wissen was sie wollen.
Sie können ihre eigene Zukunft gestalten."

Geschichten die ich für meine Kinder schrieb

Geschichten um euch zu Überraschen und ein Lächeln zu schenken.
Es sind einfach nur Geschichten für euch.

Der Fall X-Gummibärchen, oder die Gummibärchenbande?

Für „M.“

Wieder einmal ein langer Tag in der Schule, wiedereinmal der gleiche Stress mit den Lehren. Aber diesmal war etwas anders. Marcel fiel etwas auf.

Als er in der Pause war, jammerten viele Kinder um ihre Gummibärchen die ihnen abhanden gekommen waren. Das war merkwürdig. Auch er mochte Gummibärchen, und er hatte meistens eine Notration die er in seiner Jackentasche verbarg. Als er in sie hineingriff um sich mit ein paar Gummibärchen zu stärken, musste er feststellen, dass da nichts war. Zur Sicherheit griff er noch tiefer in seine Jackentasche. Doch da war nichts, nur eine große Leere, mehr nicht. Marcel war sich aber sicher, dass er heute morgen noch welche hineingesteckt hatte. Wie er es immer tat.

Denn sein größter Geheimvorrat war immer in dem kleinen Pokemon-Rucksack am Bett versteckt. Und daraus konnte er immer aus dem Vollen schöpfen, um auch in der Schule gut versorgt zu sein.

Nun fing ihm an, die Sache immer weniger zu gefallen. Die anderen Kinder, die um ihre Gummibärchen jammerten und nun auch ausgerechnet noch seine Gummibärchen, die ihm jetzt fehlten. Da musste etwas unternommen werden, doch was? Marcel grübelte und sagte zu seinem Freund Timo: "Wir müssen herausbekommen, auf welche Weise die Gummibärchen abhanden gekommen sind. Mit rechten Dingen kann das nicht zugegangen sein. Auch Timo meinte: "Ja, da hast du recht. Wir müssen der Sache auf den Grund gehen." Was noch auffällig war, war dass der Hausmeister nach seinem verloren gegangenen Meerschweinchen suchte. Besser gesagt das Meerschweinchen von seiner kleinen Tochter Minchen. Natürlich boten sich Timo und Marcel an mitzusuchen. Sie waren eigentlich immer hilfsbereit und wenn es um kleine Tiere ging, erst recht. Der Hausmeister Herr Schultz meinte: "Leider versteckt sich unser kleines Meerschweinchen, immer gern in allem was irgendwo herumliegt. In herumliegenden Schulranzen, Jacken, etc., er kann sich praktisch in irgendeinem kleinen Platz in der Schule aufhalten."

Nun gab es schon zwei Fälle für Marcel zu lösen, verschwundene Gummibärchen und ein verschwundenes Meerschweinchen. „Na wenn das nichts war? So etwas passiert ja nicht alle Tage."

Marcel dachte bei sich, „Was ist wenn das Verschwinden der Gummibärchen, und das Verschwinden des Meerschweinchens etwas miteinander zu tun haben? Das könnte doch möglich sein. Aber wer konnte nur dahinter stecken?" Marcel war ratlos. Er meinte zu Herrn Schultz: "Viele Kinder vermissen ihre Gummibärchen, meinen sie das Verschwinden der Gummibärchen und das Verschwinden des Meerschweinchens könnte etwas miteinander zu tun haben?"

"Das kann ich dir nicht sagen", antwortete Herr Schultz und fügte noch dazu "Frag doch einfach mal ein paar Kinder die ihre Gummibärchen vermissen.“

Gesagt getan. Er befragte einige Kinder und wie er feststellte waren es alles nur Kinder, die in die zweite Klasse gingen, so wie er selbst. Und alle zweiten Klassen waren im zweiten Stockwerk. Also musste er dort Spuren oder sogar die Lösung des Falls entdecken können.

Also gingen er und Timo hoch in das zweite Stockwerk. Und da waren sie, die allerersten Spuren. Sie fanden am Boden verteilt Gummibärchenreste und kleine, feuchte Stellen die sie alle in der Nähe der Jacken und unter dem Tisch der im Schulflur stand fanden. Also waren sie der Lösung auf der Spur.

Plötzlich hörten sie etwas, es hörte sich nach einem Schmatzen an, das irgendwo von den Jacken herkam. Als sie nun einige durchsuchten da ...

… da fanden sie etwas warmes, wuscheliges, etwas sich klebrig anfühlendes in einer Jackentasche. „Wisst ihr auch was es war? Es war Minchens Meerschweinchen.“ Gerade war es dabei genüsslich an einem Gummibärchen zu nagen, doch es war etwas merkwürdig, das meiste kam wieder eher ziemlich klebrig zum Vorschein, als dass es die Gummibärchen wirklich aß. Marcel kam ein Grinsen über sein Gesicht. So etwas hatte er bis jetzt noch nicht gesehen.

Dann sagte er zu Timo: "Schau mal wer der Gummibärchen Dieb war, keine Bande und keine bösen Kinder, es war einfach nur ein kleines Meerschweinchen mit großem Gummibärchen Appetit gewesen." Beide mussten lachen. Minchen war sehr froh ihr Meerschweinchen wieder zu bekommen und gab ihm nun ein Salatblatt und meinte: "Das ist viel gesünder für dich, als Gummibärchen." Herr Schultz versprach die Gummibärchen wieder zu ersetzen. Alle waren wieder zufrieden. Und Marcel hatte die zwei Fälle, die wirklich im wahrsten Sinne des Wortes etwas miteinander zu tun hatten, gelöst. Er war nun fest entschlossen später mal ein großer Detektiv zu werden.

2002

Das Geheimnis der Zaubernote

für „M.L.“

Ich ging mit meiner Freundin im Park spazieren. Nach einiger Zeit kamen wir an eine wunderschöne Lichtung. Dort stand ein Brunnen, der eine breit gefächerte Fontäne besaß. Er war wirklich wunderschön anzusehen, denn die Wassertropfen verfärbten sich beim strahlenden Sonnenschein zu kleinen regenbogenfarbigen Edelsteinen. Inmitten dieser Wasserfontäne stand eine kleine Statur, es war ein kleiner Junge, der eine Flöte in der Hand hielt.

Wir gingen auf den Brunnen zu und Linchen sagte zu mir: "Schau mal wie wunderschön dieser Brunnen ist! Meinst du es könnte ein Wunschbrunnen sein?" Ich antwortete nachdenklich: "Ich habe schon von Wunschbrunnen gehört. So viel ich weiß, wirft man ein Geldstück über die Schulter in den Brunnen hinein und wünscht sich etwas."

Linchen war ganz aufgeregt vor Freude und entgegnete mir: "Dann lass es uns gleich Probieren! Es wäre toll, wenn es funktionieren würde.“

Linchen stellte sich vor den Brunnen, drehte sich um, warf ein Geldstück über ihre Schulter in den Brunnen hinein. Sie dachte an ihren schon lang ersehnten Wunsch, den sie natürlich nicht verraten durfte, denn jeder weiß, sonst geht der Wunsch nicht in Erfüllung.

Als der Pfennig den Boden des Brunnens berührte, fing die Figur an, auf der Flöte zu spielen. Doch es hörte sich weniger wie eine Flöte, als wie ein herrlicher verzauberter Gesang an.

Als die Melodie zu Ende war und der letzte Ton verklungen, stieg die letzte Note des letzten Tons auf einmal empor, strahlte so hell und gelb wie die Sonne und sprach Linchen an: "Ich bin die Zaubernote des Wunschbrunnens. Dein Wunsch soll in Erfüllung gehen."

Nach diesen Worten verschwand sie wieder und zerfloss in die regenbogenfarbenen Wassertropfen, zurück zu ihrem Ursprung.

Linchens Wunsch würde er wohl in Erfüllung gehen? Das weiß nur Linchen, der Brunnen und die Zukunft, denn wer weiß was sie uns noch bringen mag.

Doch ihr wisst ja, wenn man den Wunsch verrät, geht er nicht in Erfüllung.

2000

Der Ritter ohne Furcht und Tadel

Oder: "Wie Manuel fast einen richtigen Drachen besiegte"

Grünwald ist ein kleines Städtchen, gleich neben dem blauen Wegweiser liegend der rechts zum Fantasieland führt. Dort lebt ein kleiner Junge Namens Manuel, der bald schon die erste Klasse der Grünwaldner Grundschule besuchen sollte.

Doch zur Zeit ging er noch jeden Morgen den Hügel hinunter, um dort im Kindergarten seine großen Abenteuer zu bestehen. Und wie das mit allen kleinen Jungen so ist, besitzt er viel Fantasie und noch mehr Mut und ist wahrhaftig fast schon ein kleiner Held.

Mit seinem Freund Marcel war er letzte Woche noch einer der fürchterlichsten Seeräuber der sieben Meere gewesen.

Doch sein nächstes Abenteuer war schon gewiss und

wir sind sehr gespannt darauf welches es ist ...

„Zeige dich," rief Manuel mit hoch erhobenem Schwert zu dem grünen Gebüsch herüber. Aus dem Gebüsch heraus vernahm er merkwürdige Geräusche. Doch dann kam ihm sein kleiner Hund freudig mit dem Schwanz wedelnd entgegen gelaufen. „Ach du bist es nur Schlumpi, ich dachte schon es wäre ein Tunichtgut, der unsere Burg angreifen wollte. Man weiß ja nie, welche Gestalten sich hier herum tummeln. Aber Gott sei Dank warst es nur du." Mit diesen Worten nahm Manuel seinen kleinen Hund auf seine Arme. Und ging ein Stückchen weiter seines Weges.

Als er den Wald erreicht hatte, der ebenfalls zum Burganwesen gehörte, drangen weitere Geräusche in seine Ohren. Er hörte knisternde Äste die unter schweren Schritten brachen. „Wer das wohl sein mag?", dachte Manuel bei sich und war sofort wieder auf der Hut.

Denn zur obersten Pflicht eines Ritters gehört es eben, seine Burg vor Eindringlingen zu schützen und zu verteidigen. Und dazu war Manuel zu jeder Zeit bereit. Er legte seine Hand sofort wieder auf den Griff seines Holzschwertes, das er immer mit sich führte. Man musste ja gut gerüstet sein, um sich verteidigen zu können. Deshalb hatte er auch immer sein selbst gebasteltes Schutzschild dabei, für alle Fälle.

„Schlumpi du wartest hier auf mich, es könnte für dich zu gefährlich werden," meinte er zu seinem getreuen Hund, der die ganze Zeit hinter seinem Herrchen hinterher gelaufen war. Ganz brav legte sich Schlumpi gähnend neben einen Baum und wartete hier auf sein mutiges Herrchen.

Manuel ging einige Schritte weiter bis ...

... er den Schatten eines riesigen Ungetüms entdeckte, das jeden anderen zum Weglaufen gebracht hätte. Aber er war ein mutiger Ritter und kannte keinerlei Angst. Er nahm sein Schwert und hielt es in die Höhe, um das Ungetüm jeden Moment angreifen zu können.

Sein Atem wurde schneller, die Anspannung stand ihm im Gesicht geschrieben. Da kam hinter dem Baum plötzlich mit eiligen Schritten sein Freund Marcel heraus. „Ach, du bist es nur Marcel. Ich dachte schon ein riesiges Ungetüm versteckt sich hinter dem Baum," entgegnete er seinem Freund erleichtert. „Und ich dachte schon, dass du ein riesiges Ungetüm wärst!", entgegnete ihm sein Freund lachend.

Nun machten sie sich zu dritt auf den weiteren Weg. Das Burganwesen war ziemlich groß und musste immer im Auge behalten werden. Also machten sich nun Marcel, Manuel sowie Schlumpi auf den Weg alles weiter zu durchforsten.

Als sie den Rundgang abgeschlossen hatten, stellten sie fest, dass die Burg eine herrliche Stille umgab. Nach ihrem langen Streifzug entschloss sich deshalb Marcel kurzerhand ein Nickerchen mit den anderen Rittern zu machen. Nur Manuel und Schlumpi konnten nicht ruhen und begaben sich nun auf leisen Sohlen ihrer Wege. Mann wusste ja nie, was noch geschehen würde.

Die Stille wurde mit einem mal von einem Schrei durchbrochen. Eine Maid schrie ganz in der Nähe laut um Hilfe. Natürlich machte sich Manuel schnellen Schrittes auf in ihre Richtung. Vielleicht wurde die Maid von einem Drachen bedroht - da ist Mann an Not und höchste Eisenbahn angesagt.

Und tatsächlich wurde eine Junge Maid von einem ekeligen eidechsenartigen Drachen angegriffen. Manuel nahm sein Schwert und fuchtelte damit ein Paar mal vor dem Gesicht des kleinen Drachen umher und sprach: „Ergebe dich, du Wicht." Das Tier sah Manuel nur verwundert an. Manuel lächelte zufrieden und nahm die kleine Eidechse vorsichtig in die Hand, die wohl aus dem Terrarium des Kindergartens geflüchtet war. Und brachte sie zurück.

Wieder einmal hatte er eine Heldentat vollbracht, ein neues Abenteuer erlebt und fast einen richtigen Drachen besiegt.

2005

Mounas Wunsch!

"Tauben so viele Tauben am Himmel, ob das Friedenstauben sind?", fragte sich Mouna. Mouna, ein kleines Mädchen, das sehr viele Träume und Wünsche in ihrem Herzen trug. Jemand sagte ihr einmal, dass ihr Name Mouna "Wunsch" bedeutet und jemand anderes das es "Schön" bedeuten würde. Ihre Mutter sagte dann, "Ja, schöner Wunsch, du hast einen schönen Wunsch frei.“ Das passte zu ihr und sie wollte auch einen schönen Wunsch verschenken, denn es passierte so viel in der Welt, das sie nicht verstehen konnte. Und das sie traurig machte.

Immer wenn sie mit ihren Eltern die Nachrichten ansah, konnte sie diese triste Welt die sie da zu sehen bekam einfach nicht verstehen. Überall starben Menschen an Hunger im Krieg. Kinder verloren ihre Eltern, oder Eltern ihre Kinder. Hier in ihrem Umfeld umgab sie schöne Wiesen, ein blauer Himmel und nette Menschen.

Sie konnte nicht verstehen, dass es woanders anders sein konnte. Und sie wusste auch nicht, warum es woanders nicht so war. Immer verfolgte sie das Wort *woanders*. „Warum konnte es *woanders* nicht genauso schön und friedlich sein, wie sie es kannte?“ Das verstand sie einfach nicht.

... Das alles bedrückte sie sehr und sie dachte dann: "Mouna du hast einen Wunsch frei, einen kleinen Wunsch." Sie überlegte angestrengt was sie sich am Besten wünschen sollte. Was könnte allen Menschen auf der Welt helfen?“ Es war nicht einfach für sie, die richtige Antwort zu finden. Ihr wisst ja, Mouna ist ein kleines Mädchen. Ein kleines Mädchen, doch mit viel Herz, und mit genauso vielen Wünschen.

Als sie wieder einmal so darüber grübelte, welchen kleinen Wunsch sie sich wohl wünschen könnte sah sie ganz tief versunken aus dem Fenster hinaus. Da erblickte sie das zweite mal ganz viele Tauben. So viele Tauben, dass es schwer für sie wurde sie zu zählen.

Sie fragte sich wieder: "Ob das wohl Friedenstauben

sind?" Wie das erste mal dachte sie auch dieses mal sofort daran, als sie die vielen Tauben hoch oben am Himmel erblickte.
...doch diesmal kam ihr bei diesem Anblick die Idee, der Wunsch, den sie schon so lange suchte fiel ihr ein. "Ich weiß jetzt was ich mir Wünsche", stieß sie freudig hervor.

"Ich wünsche mir Frieden auf der ganzen Welt!"

Sie schloss ganz fest ihre Augen und wiederholte ihren Wunsch:

"Ich wünsche mir Frieden auf der ganzen Welt!"

Mouna war sehr glücklich darüber, dass sie endlich ihren Wunsch gefunden hatte. Und hoffte ganz fest das ihr Wunsch in Erfüllung gehen würde. Sie glaubte mit ihrem ganzen Herzen daran.

Ob ihr Wunsch wirklich in Erfüllung gehen wird? Das wird uns erst die Zukunft zeigen.

Aber wenn ihr wollt könnt ihr Mounas Wunsch unterstützten und euch ganz fest das gleiche Wünschen.

"Ich wünsche mir Frieden auf der ganzen Welt!"

Denn ihr wisst ja, zusammen ist man viel stärker, als alleine!

Genauso ist es auch mit Wünschen. Wünsche die sich viele Kinder von Herzen wünschen, sind auch viel stärker und gehen eher in Erfüllung.

Und den Kindern von heute gehört die Zukunft von Morgen, denn ihr entscheidet mit, was mit eurer Zukunft passiert.Und auch ich wünsche mir ganz fest:

"Frieden auf der ganzen Welt!"

"Für euch und alle Kinder dieser Welt!"

2003

Habibs Traum

Eine Gutenachtgeschichte

Habib - wisst ihr das Habib "Liebling" bedeutet? Ja, Liebling genau, ihr habt richtig gelesen. Und unser Liebling, also Habib, hatte einen ganz schönen Traum. Dieser Traum handelte davon, dass er auf einem Regenbogen laufen könnte. So einem schönen Regenbogen, der immer entsteht, wenn es gerade geregnet hat und die Sonne wieder schön strahlend zum Vorschein kommt.

Also immer wenn Habib Abends einschlief träumte er davon, dass er auf solch einem wunderschönen, bunt schillernden Regenbogen gehen könnte. So auch an diesem Abend. Doch dieses mal träumte er noch mehr. Er traf ein kleines Regenbogen Männchen. Was ein Regenbogen Männchen ist?

Natürlich ein regenbogenfarbiges Männchen, das den schönen, schillernden Regenbogen bewohnt.

Und heute Nacht traf Habib dieses Regenbogen Männchen in seinem Traum.

"Wer bist Du?", fragte Habib erstaunt das kleine bunte Männlein, das er erblickte. Das Männlein antwortete ihm: "Ich bin der Regenbogen-Mann, ich wohne hier. Und wer um alles in der Welt bist du, trist farbiger Mann?" Habib musste lachen: "Trist farbig, hihi.“, kicherte er. „Ich bin Habib. Und ich bin kein Mann, ich bin ein kleiner Junge."

"Wenn du ein kleiner Junge bist, wie groß sind dann erst die erwachsenen Männer, von da wo du her kommst?" Der Regenbogen Mann ging Habib gerade mal bis zu seinen Schultern, also war er ziemlich klein.

"Ich komme von der Welt die du da unter dir sehen kannst und Erwachsene sind ungefähr doppelt so groß wie ich", antwortete er dem Regenbogen Mann.

"So, so," nickte der Regenbogen Mann verwundert. "Von hier oben habt ihr Menschen immer so klein ausgesehen, wie man sich doch täuschen kann.

Aber was um alles in der Welt, willst du hier bei mir?", fügte er seiner Verwunderung noch hinzu. "Weißt du, ich habe immer schon davon geträumt, einmal auf einen schönen, schillernden Regenbogen zu laufen," antwortete er ihm. "Und ich möchte gerne wissen, was die Farben des Regenbogens bedeuten. Sie sind so schön, sie haben bestimmt eine sehr schöne Bedeutung. Nicht wahr?" Habib wartete gespannt auf eine Antwort des Regenbogen Mannes.

"Ja, natürlich, das kann ich dir sagen. Da hast du dich genau an den richtigen gewendet. Ich bin ja schließlich der Regenbogen Mann und muss es am Besten wissen," und so holte der Regenbogen Mann sehr weit beim Erzählen aus.

Er räusperte sich und stand nun da, wie Habib´s Klassenlehrer, wenn er den Kindern etwas erklärte. "Das Rot steht für die Liebe, Orange für die Eifersucht, Gelb für das Licht, Grün für die Hoffnung, Blau für die Treue, alle Farben zusammen bedeuten Leben. Wenn die

Farben nicht klar leuchten und das Orange der Eifersucht das Rot der Liebe verwischt, dann sind sich die Menschen nicht mehr den Werten der Gerechtigkeit treu. Alle Farben vermischen sich zusammen zu einem kalten, hässlichen Grau. Vom wunderschönen, schillernden Regenbogen farbigen Frieden, kommt es zum kalten, grauen Krieg. Und das darf niemals passieren," sagte der Regenbogen Mann überzeugend. Und endlich wusste Liebling, also Habib, was die Farben des Regenbogens wirklich bedeuten.

Sie bedeuten Leben und Frieden.

Sie bedeuten Lebe in Frieden!

Und was gibt es Schöneres.

Ich wünsche euch nun eine "Gute Nacht!"

2003

Manuels Friedenspuzzle

Manuel besucht die 4a der Friedensbacher Grundschule. Wieder einmal hatten sie in der Projektwoche ein großes Thema, das alle Schüler in einer Idee umsetzen sollten. Diesmal ging es um das Thema Frieden. Manuel wusste was Frieden ist. Frieden war für ihn, dass alle Menschen friedlich zusammen leben. Aber er wusste nicht was Krieg wirklich bedeutet, und welche Ausmaße er für die Menschen und die Menschheit hatte.

Deshalb entschloss er sich ein Friedenspuzzle zu machen. Auf jeden Teil des Puzzles stand, was man tun sollte, um friedlich zusammen leben zu können. Er meinte, dass man so auch gleichzeitig verstehen könnte, was Krieg ist. Genau das Gegenteil davon. Und was es bedeuten würde, wenn ein Krieg ausbricht. Also fing er an, alles was ihm einfiel, auf ein großes Blattpapier zu schreiben.

Darauf war nun zu lesen:

"Schlichte deinen Streit friedlich."
"Akzeptiere andere Menschen, wie dich selbst."
"Begegne anderen Menschen, ohne Vorurteile."
"Liebe deinen Nächsten, wie dich selbst."
"Make Love not war"
All diese Dinge gingen ihm durch den Kopf und noch vieles mehr.

Als er genug Gedanken gesammelt hatte, klebte er das Papier auf einen gleich großen Karton. Er zeichnete Puzzle Formen ein und schnitt sie dann aus.

So entstand Manuel´s Friedenspuzzle.

2003

Gedanken für Euch <3 ...

So vieles

So vieles habe ich von Euch gelernt.
So vieles werde ich davon immer
in meinem Herzen tragen.

Es wird immer wieder Momente geben,
die mich glücklich machen.
Es wird immer wieder Momente geben,
die mich traurig machen.

Immer werdet ihr mir alles bedeuten,
denn ihr seid meine ganze Welt.
Und ihr werdet für alle Zeit
in meinem Herzen stehen.

Mein Kind

Mein Kind, reiche mir Deine Hände,
solange Du mich brauchst.
Bitte verzeihe mir,
wenn ich Deine Hände nur ungern loslasse,
denn ich habe Angst um Dich.
Aber ich halte Deine Hände schon etwas leichter,
denn es ist noch nicht endgültig an der Zeit
dich alleine gehen zu lassen.
Aber denke immer daran:
"Auch wenn ich Deine Hände eines Tages ganz loslassen werde,
damit du deinen eigenen Weg
gehen kannst.
Du wirst dich immer wieder an meinen Händen festhalten können,
wenn Du mich brauchst.

2004

Sehe durch meine Augen,
die wichtigen Dinge des Lebens.
Fühle durch meine Seele,
die Liebe meines Weges.
Begreife durch meine Gedanken,
alle Menschen dieser Erde.

um 2000

Die Glut meiner Seele

Tag für Tag gehe ich durch die Mitte des Lebens. Suche den richtigen Weg, möchte den richtigen Weg gehen und finden. Da, ohne Ankündigung begegnete mir meine Seele in einem unscheinbaren Moment des Lebens.

Erstaunt sah ich meine Seele mir Angesicht zu Angesicht gegenüber stehen. Erstaunt sah meine Seele ebenfalls mich an und sprach:
"Was tust du eigentlich? Fühlst du nicht dass sich deine Seele danach sehnt verschiedene Wege kennen zu lernen, Unvorstellbares zu erleben?
Warum versuchst du immer nur durch die Mitte des Lebens zu gehen? Fühlst du nicht die 'Glut deiner Seele', die so gerne andere Wege kennen lernen möchte, die du bisher noch nie gegangen bist? Das Leben bietet so viele Facetten und Möglichkeiten, warum möchtest du diese nicht kennen lernen?"Von

lauter Fragen überschüttet, suchte ich verzweifelt nach Worten und ich brachte nur diese hervor: "Ich versuche nur immer den richtigen Weg zu gehen. Es ist nicht einfach sich durch das Wirrwarr des Lebens zu finden."

"Du möchtest also immer den richtigen Weg des Lebens gehen. Woher weißt du, welcher Weg der richtige Weg ist? ", entgegnete mir nun meine Seele.

"Ich versuche immer mit meinem Verstand und mit der Vernunft den richtigen Weg zu finden. Ob es dann wirklich der richtige Weg ist, das weiß ich erst, wenn ich ihn gegangen bin. Aus jeder Entscheidung eines Weges lernt man die Erkenntnisse für einen neuen Weg", antwortete ich wieder gefasst.

"Und was ist mit deinen Gefühlen? Fragst du deine Gefühle nie, welchen Weg sie für richtig halten?“

Ich hielt kurz inne und antwortete etwas traurig: "Natürlich frage ich auch meine Gefühle. Doch leider gibt es viele Menschen, die nichts damit anfangen können, wenn man den Weg des Lebens den man geht mit seinen Gefühlen entscheidet. Dies gilt für Menschen, die mich nicht wirklich kennen.

Aber für die Menschen die mir Nahe stehen, darf ich auch Dinge aus dem Gefühl heraus entscheiden. Sie wissen, mit meinen Gefühlen umzugehen.

Und sehr viele Aufgaben stellen sich mir, die ich erfüllen muss. Aus diesen Aufgaben heraus ergeben sich viele Verantwortungen die ich gerne übernommen habe, weil sich meine Gefühle dafür entschieden haben.

Denn es sind Verantwortungen die ich übernommen habe, für Menschen die ich liebe. Viele Menschen sind sich dem nicht bewusst, dass man viele Dinge tut, aus seinen Gefühlen heraus. Denn man liebt die Menschen, für die man diese Verantwortungen übernommen hat.

Und als Dankeschön bekommt man dafür das schönste Lachen seines Kindes."

"Ach so ", antwortete meine Seele mir, "jetzt verstehe ich langsam, warum du so wenig auf deine Seele hörst und dir der Weg der Mitte so am Herzen liegt. Du gehst den Weg zusammen, mit den Menschen die du liebst ", entgegnete mir meine Seele ergriffen.

"Ja, da hast du recht, deshalb gehe ich so viele Wege des Lebens nicht, die ich irgendwann vielleicht kennenlernen werde. Dann wenn der Weg der Mitte frei ist und jedes meiner Kinder seinen eigenen Weg des Lebens geht. Dann lerne ich noch mehr Facetten des Lebens kennen und folge der "Glut meiner Seele"".

2004

Nachgedanken

weitere Gedichte,

um das Thema:

„Kinder!“

Eltern und Kinder

Kinder reichen uns vertrauensvoll ihre Hand,

sie möchten durchs Leben geführt werden.

Sie sind neugierig auf alles und wollen Tag für Tag
neue Abenteuer bestehen,

das Leben kennenlernen.

Mit offenen Blick,

mit kindlicher Weisheit unbeschwert zu sein,

froh und glücklich mit kleinen,

ungestümen Schritten vorwärts gehend,

bewegen sie sich durch das Leben.

Immer aufs Neue fragend,

Warum, Weshalb, Wieso etwas so ist.

Gespannt auf die Antwort wartend.

Kaum abwarten zu können etwas Neues zu erfahren.

Ein neues Puzzleteil, der Fragenden Antworten,

in ihr eigenes Lebenspuzzle einsetzen zu können.

… wie schön und farbenfroh

das Lebenspuzzle doch werden wird.

Wir Eltern immer bemüht,

das Richtige, Beste zu tun für den größten Schatz,

den uns das Leben geschenkt hat.

Immer darauf bedacht,vorzusorgen mit Liebe,

Vertrauen und Verständnis,

um den richtigen Weg erkennbar zu machen.

... dabei immer wieder festzustellen,

wie viel wir von unseren kleinen Kindern lernen ...

... können.

Denn wer kann immer unbeschwert, offen,

und direkt in allen Lebenslagen sein,

so wie unsere Kinder?

... mein Kind welche Weisheit du besitzt.

Warum geht diese Weisheit oft als heranwachsender immer mehr und mehr verloren?

2010

Kinder

Sie gehören zu dir,
doch sie gehören dir nicht.
Du darfst sie behüten,
doch nicht zu fest halten.

Du kannst ihnen deinen Weg zeigen,
aber du musst sie ihren Weg gehen lassen.
Wenn sie Hilfe brauchen,
stehe ihnen zur Seite,
doch wenn sie die Herausforderung alleine bestehen,
lass sie gehen.

Sie brauchen deine Zuwendung und Liebe,
aber es ist nicht immer die Zeit dafür.
Lass sie ziehen,
sie werden immer wieder zu dir zurückkommen.

Denn sie lieben Dich so sehr,
wie du sie liebst.

2004

Kinder haben noch vieles von dem,
was den Erwachsenen verloren gegangen ist.
Unbefangenheit, Offenheit,
Ehrlichkeit und Herzensfreude,
anderen gegenüber.

Ein Kind, ein Zeichen
für den Frieden dieser Erde.

Kinder sind unbefangen im Glücklich sein.
Sie sind im Glücklich sein
fantasievoll und in Ihrer Fantasie immer frei.

um 2000

Der Traum eines Kindes

Auf dem fliegenden Teppich der Träume schweben,
die Welt durch einer himmelblauen Brille betrachten.
Die Sterne ganz nah über sich sehen und den Wind der Träume, durch die Haare wehen zu spüren.

Ja, das alles kann geschehen, wenn man die Welt mit den Augen eines Kindes betrachtet.
Wenn man immer noch an seine Träume und an Wunder glaubt.

Und wenn man im Herzen immer noch ein Kind geblieben ist.

Dann kann das wirklich geschehen.

2006

Welt der Wunder

Gibt es wirklich eine Welt der Wunder?
Die Träume eines Kindes, lassen uns das gerne glauben, denn wäre es nicht all` zu schön,
wenn diese Wunder geschehen könnten?

Wenn die Menschen endlich miteinander,
mit anderen Menschen, mit der Natur,
mit der Umwelt, im Einklang leben würden?
Was wäre, wenn das Wirklichkeit würde?

Wäre es dann nicht wirklich, ein Wunder,
ein wunderschönes Wunder?

Ja, doch ich glaube noch an Wunder,
an kleine Wunder, deshalb bin ich auch …
… die Träumerin des Lebens .

2006

„Das Meer der Liebe“

oder

„Die Liebe besiegt alles."

Eines Abends ich ging vertieft in meine Wunschgedanken am Meer spazieren. Alles schien mir wie im Traum zu sein. Sah ich im Meeres glitzern am Horizont im Mondlicht eine Fee erscheinen.

Die Fee war ringsherum mit glitzerndem Sternenstaub und Mondlicht umgeben. Es war wundervoll anzusehen und ich traute meinen Augen kaum, dass sie auf mich zuzukommen schien.

Leicht schwebten ihre Schritte über die Meeresoberfläche, wie eine Ballerina, sie berührte sie kaum. Fast schwebend glitt sie über die

Wasseroberfläche hinweg. Leicht und graziös kam sie mir immer näher, geradewegs auf mich zu.

Ich fragte mich woher sie wohl gekommen sein musste und vor allen Dingen was sie an diesem Abend wohl hier tun wollte.

Als sie direkt vor mir stand, blieb sie stehen. Nun öffnete sie eine kleine Schatulle, die sie in ihren Händen hielt. Augenblicklich breitete sich ein Schimmern, wie viele kleine Sterne aus. Leicht pustete sie in die Schatulle hinein. Der Sternenstaub stieg daraus empor, legte sich um mich herum, bis ich ganz damit umhüllt war. Alles wirkte in diesem Moment wie verzaubert, oder lag das nur am Mondenschein?

Ohne dass ich es hätte mir erträumen lassen, schwebte ich nun, wenn ich einen Schritt tat. Sie deutete mir an ihr zu folgen. Ich folgte ihr über das Meer hinaus, bis wir hinter dem Horizont endlich angekommen waren.

Hinter dem Horizont erreichten wir in den Wolken ein Schloss, das auf einer Wolkeninsel erbaut worden war. Wieder deutete sie mir an, ihr zu folgen. Und ich folgte ihr durch einen großen Gang in die Halle des Schlosses.

Hier zeigte sie mir einen Spiegel, auf dessen Rahmen eingraviert stand: "Do, ut des. - Ich gebe, damit du gibst". Als ich in ihn hineinsah, erschienen die Bilder meiner Kinder und meines Mannes nacheinander vor mir. Zum Schluss standen darin die Worte, wie mit magischer Hand geschrieben: "Omnia vincit amor - Die Liebe besiegt alles."

Mir wurde bewusst wie viel mir meine Kinder und mein Mann bedeuten. Und alle Träume und alle Wünsche die ich oft tief im Herzen trage, kamen mir fast nichtig vor.

Denn meine Familie ist das, was ich am meisten liebe.
Was mir am meisten etwas bedeutet

Die Fee hatte mich über das Meer der Liebe in das Schloss meines Herzens gebracht. Und ich weiß: „Die Liebe besiegt alles." Auch die tiefen Wünsche und Träume tief in mir.

2006

Gedanken

Ihr habt so viele Talente, so viel Energie und Leidenschaft an den Tag gelegt, dass ich einfach immer sehr stolz auf euch gewesen war und heute noch bin.

Wir haben so viele glückliche und auch ein paar traurige Momente zusammen erlebt und gemeistert …
… ein starkes Band das uns bis heute verbindet.

Als Mutter wurde ich von den Menschen in meiner Umgebung immer mit euch identifiziert …
… auch ich war immer stolz eure „Mama".

Ich habe für „uns", ob in der Schule oder im Verein mein Engagement gezeigt, wo ich nur konnte.

…. es war mir schon damals sehr wichtig.

Einen Teil von mir das Schreiben, Malen und Fotografieren und meine kreativen Arbeiten habe ich immer im Hintergrund bei behalten.

Heute bin ich mir, meinem Ich, meiner eigenen Identität wieder sehr nahe, habe einen Teil von mir wiedergefunden.

Alle sehen mich heute wieder als „Monika“, die in der Betreuung mit den Kindern malt, fotografiert und gestaltet. Sie hat selbst eine große Familie, und Kinder auf die sie stolz ist.

... für mich ein Lernprozess, denn eine zeitlang war ich im luftleeren Raum...
... ein Wiederfindungsprozess.

... Ihr seid selbstbewusst und selbständig geworden. Braucht meine Stimme, die euch unterstützt nur noch im Hintergrund.

Darauf bin ich stolz
und wir sind auf unserem neuen Weg
zum Heute
und Jetzt angelangt.

Nachwort

Viele Gedanken, viele Erinnerungen haben uns begleitet und es werden immer wieder neue Gedanken und Erinnerungen dazu kommen.

... Wenn ein Lebensabschnitt zur Vergangenheit wird, beginnt immer ein Stück Zukunft, immer wieder eine
neue Chance etwas zu verwirklichen, umzusetzen, für euch und auch für mich.

... ich bin sehr stolz auf euch. Verfolge eure Entwicklung, mit Begeisterung.

Nur durch die ständige Weiterentwicklung kann die Zukunft weitergehen, nur so könnt Ihr an euch wachsen, nur so entsteht eure eigene Zukunft.

Ich freue mich auf die weitere Zukunft, dieser ursprünglich kleinen Familie und ich wünsche euch, dass ihr ebenfalls irgendwann, nachdem ihr eure Ziele erreicht habt, eure eigene Familie gründet.

Und wenn eure Kinder auch wieder Kinder bekommen, dann war alles richtig.

Denn der Kreis des Lebens läuft immer weiter.
Nur die Menschen, die Ihn begehen, werden ein Teil der Zukunft sein, so wird es wohl immer bleiben.

Alles Liebe
eure

„Mama“

M.L. malte mich hier, als sie 5 Jahre alt war. Ich liebe dieses Bild.

Wir ...
... eine Familie
und dennoch ...
... viele verschiednene
Wege.
Momo 2012
www.momo-lyrik.de

Nachwort -

Alles ist vorerst gesagt

All meine schönen Erinnerungen, Erlebnisse, wunderschönen Momente habe ich nun mitgeteilt.
Von der Zeit mit meinen Kindern bis zur Grundschulzeit.

Ich hoffe, meine Texte haben viele Herzen berühren und ein Lächeln auf viele Gesichter zaubern können, um sie so in die schönen Momente meiner Familie einzuweihen, weit ab von den Alltagssorgen, die jeder Mensch kennt und hat.

Beim Schreiben und beim Durchlesen sind mir immer mehr Erinnerungen in mein Bewusstsein zurückgekehrt. Ich durfte so diese Zeit wieder neu erleben.
Heute ist die Zeit der Kindheit abgeschlossen, meine Kinder sind erwachsen.

Es erfüllt mich mit stolz, dass sie ihre eigenen Wege gehen und wissen, wie sie ihre Zukunft gestalten wollen.

Mit gemischten Gefühlen mache ich mich auf meinen Weg, meine Ziele neu zu setzten. Auch wenn unsere Verbindung immer noch sehr stark ist, mir ist bewusst, dass die Zeit viel verändert hat und meine Kinder ihre Ziele und Wünsche verwirklichen müssen.

Mir ist bewusst, dass das Erlebte ein sehr großer Schatz ist, den ich immer behüten werde. Immer werde ich an diese schönen Momente denken und sie in meiner Erinnerung und in meinem Herzen behalten.

Ich werde mein ganzes Leben lang von diesen schönen Erinnerungen zehren.

Und ein Lächeln wird mein Gesicht erhellen, auch wenn ich einmal durch schwere Zeiten gehe.

Von all den schlechten Erlebnissen, Botschaften, Nachrichten, die die Welt hervorbringt, wollte ich an das

Wesentliche erinnern, um ins Bewusstsein zu rücken, was wirklich wichtig ist.

Jeder Moment im Leben sollte bewusst gelebt werden, mit positiven Gedanken und Leidenschaft.

Weiterhin
„Die Träumerin des Lebens"
„Momo"
Monika Hubl-Moussa
www.momo-lyrik.de
www.momo-kids.de

Dankeschön

Hier möchte ich meiner Familie Danke sagen, die immer für mich da war und mich von Kindheit an geprägt hat.

Grüße

Ich sende ganz liebe Grüße an meinen Mann, meine Kinder, meine Österreicher, Wiesbadener, Langener und Ingelheimer Familie und Angehörige, Nichten, Neffen, und Ihre Familien und Kinder.

Eure Momo

Danke an meine Kinder für die schönen Zeichnungen, die ihr mir früher geschenkt habt, von denen ich einige hier mit einbezogen habe.

Über diese Zeichnungen habe ich mich immer wirklich sehr gefreut.

Alles Liebe, viel Glück, Gesundheit, und Erfolg, und das eure Träume und Wünsche in Erfüllung gehen werden.

Wünscht euch,
eure Mama

Printed by Books on Demand GmbH, Norderstedt / Germany